VENTE

Des Mardi 16 et Mercredi 17 Mai 1899

HOTEL DROUOT, SALLE N° 1

A DEUX HEURES UN QUART

MEUBLES ANCIENS

et de Style

SALON EN TAPISSERIE LOUIS XVI

Piano à queue de Pleyel

OBJETS D'ART

BRONZES D'AMEUBLEMENT

Lustres importants

MARBRES, FAIENCES SYRIENNES

PORCELAINES DE SAXE, CHINE & JAPON

ARMES, MINIATURES, OBJETS DE VITRINE

TABLEAUX ANCIENS ET MODERNES

Gravures et Pastels

Me G. DUCHESNE
Commissaire-Priseur
6, Rue de Hanovre, 6

M. A. BLOCHE
Expert
28, Rue de Châteaudun, 28

EXPOSITION PUBLIQUE

Le Lundi 15 Mai 1899

DE 2 HEURES A 6 HEURES

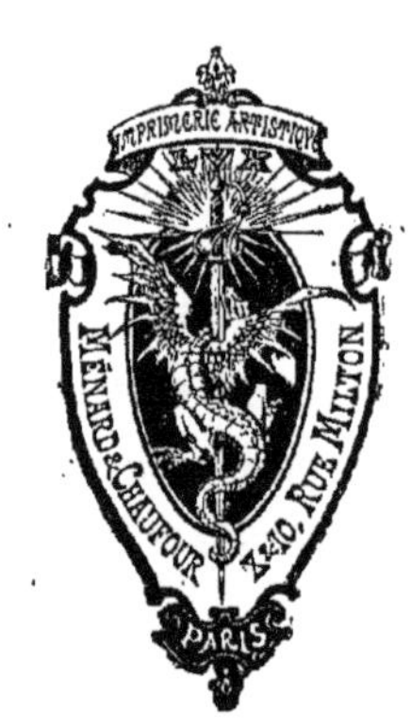
IMPRIMERIE ARTISTIQUE
MÉNARD & CHAUFOUR
8 & 10, RUE MILTON
PARIS

CONDITIONS DE LA VENTE

Elle aura lieu au comptant.

Les acquéreurs paieront *cinq pour cent* en sus des prix d'adjudication.

L'exposition mettant le public à même de se rendre compte de l'état et de la nature des objets, il ne sera reçu aucune réclamation une fois l'adjudication prononcée.

Paris. — Imprimerie Ménard et Chaufour, 8 10, Rue Milton.

DÉSIGNATION

MEUBLES

1 — Piano à queue de Pleyel, format n° 2.

2 — Jolie marquise en noyer sculpté et ciré, de style Louis XV, couverte en soie rayée fond vieux rose, brochée à fleurs et branches de feuillages.

3 — Belle chaise longue en trois parties en noyer sculpté, ciré et rehaussé d'or, de style Louis XV, recouverte en soie brochée à bouquets de fleurs sur fond vert d'eau.

4 — Beau bahut en vieux chêne avec appliques et panneaux sculptés, représentant l'Annonciation, Adam et Ève chassés du Paradis, la Tentation. Époque de la Renaissance.

5 — Crédence à colonnettes, tiroir sculpté à feuilles d'acanthe. Époque Louis XIII.

6 — Bibliothèque à deux vantaux en ébène et marqueterie de cuivre. Style Louis XIV.

7 — Bahut vitré en marqueterie de cuivre et d'écaille, garni de bronzes dorés.

8 — Cartonnier en acajou orné de bronzes ciselés et dorés. Style Louis XVI.

9 — Grand canapé en bois sculpté et doré couvert en soie à grandes rayures. Époque Louis XVI.

10 — Jolie petite bergère en bois sculpté et doré, couverte en soierie à fleurs. Époque Louis XV.

11 — Bergère Louis XVI en bois sculpté et doré couverte en soie fond réséda.

12 — Très joli petit fauteuil en bois richement sculpté et doré, couvert en soie fond rouge à fleurs. Signé : Delannois. Époque Louis XV.

13 — Petit bureau bonheur du jour, en acajou et cuivres. Époque Louis XVI.

14 — Jolie table Louis XVI en acajou et bronze doré avec tiroir et tablette rentrante. Signée : Riesner.

15 — Bel ameublement de salon en noyer sculpté à rais de cœur, style Louis XVI, composé d'un canapé et quatre fauteuils, couvert en tapisseries d'Aubusson de l'époque Louis XVI à guirlandes, fleurs et encadrements sur fond crème.

16 — Petit fauteuil bas, Louis XIII en noyer sculpté garni de cuir de Cordoue.

17 — Fauteuil en étoffe genre oriental à rampe de peluche grenat.

18 — Support en bois doré à figure d'enfant.

19 — Bureau oriental en marqueterie de nacre et d'écaille.

20 — Bahut en bois noir et marqueterie de cuivre ouvrant à deux portes.

21 — Guéridon bois sculpté et doré, dessus en onyx.

22 — Deux chaises Isabelle en noyer sculpté, dessus en peluche rouge.

3 — Vitrine en noyer sculpté à rehauts d'or sur formant pieds console. Style Louis XV.

24 — Coffre banquette en bois sculpté à enfants et oiseaux. Style gothique.

25 — Coffret oriental en verre gravé, cage en cuivre repoussé, sur pied recouvert de velours rouge.

26 — Commode en acajou ornée de bronzes ciselés et dorés. Époque 1er Empire.

27 — Décor de croisée et une portière en peluche bleue, ornementés de broderies à chiffres et fleurs de lys. Style Henri II.

28 — Bureau en bois sculpté et incrusté dit Moucharabie.

29 — Deux chaises, même travail avec coussins orientaux.

30 — Glace avec cadre de même travail.

31 — Petit paravent en bois gravé et incrusté avec panneaux en cuivre repoussé.

32-33 — Deux tapis anciens d'Orient.

34 — Six écharpes brodées et anciennes d'Orient.

35 — Chiffonnier et table de nuit Louis XV, ornés de peintures vernis Martin, surmontés d'étagères.

36 — Belle cheminée en noyer sculpté de style Louis XV, montants à consoles, bandeau à coquille, surmontée d'une glace biseautée à encadrement enrubanné et couronnée par un trumeau peint par Gervais : L'Amour surprenant une jeune femme endormie.

37 — Commode en marqueterie de palissandre, ornée de bronzes ouvrant à trois tiroirs. Époque Louis XV, dessus de marbre.

37*bis*. — Beau panneau en soie, bandes torses bleues et blanches brochées à fleurs, époque Louis XVI.

BRONZES, OBJETS D'ART

38 — Beau lustre en bronze doré, richement orné de pyramides, plaquettes et pendeloques, avec boule au centre en cristal taillé. Style Louis XIV. Disposé pour l'électricité à dix-sept lampes et douze bougies.

39 — Grand lustre en bronze doré. Style Louis XVI, modèle à rinceaux feuillagés à trente-six lumières.

40 — Grand lustre en bronze doré à nombreuses lumières, garni de cristaux. Style Louis XVI.

41 — Beau buste en marbre : Madame de Fontenay, œuvre intéressante de style Louis XV.

42 — Statuette d'enfant figurant l'Hiver, en bronze doré sur socle en marbre.

43 — Paire d'appliques à deux lumières en bronze ornées de fleurs en porcelaine. Époque Louis XVI.

44 — Groupe en bronze, d'après Clodion.

45 — Paire de candélabres en bronze. Style Louis XIV.

46 — Statuette en bronze : Enfant à la cage, d'après Pigalle.

47 — Paire de bras d'appliques à deux lumières en bronze. Style Louis XVI.

48 — Statuette équestre en bronze : Le Coléoni.

49 — Paire de vases Empire en bronze sur socles en marbre.

50 — Deux figurines en bronze sur socles en marbre.

51 — Bronze : Statuette de Faune.

52 — Christ en bronze sur croix en marbre.

53 — Le Printemps, statuette en marbre blanc par H. MOREAU.

54 — L'Innocence, statuette en marbre blanc par H. MOREAU.

55 — Deux bustes d'enfants en marbre blanc. Sculptures dans le goût du XVIIIe siècle.

56 — Statuette en marbre : la Liseuse. Signé CASONI.

57 — Pendule religieuse en marqueterie de cuivre et d'écaille. Époque Louis XIV.

58 — Trois appliques en bronze doré à sept lumières.

59 — Lampe de parquet en bronze nickelé avec tablette en onyx.

60 — Jardinière rectangulaire en fer forgé et doré.

61 — Jolie suite de trente-cinq plaques de revêtement en ancienne faïence de Syrie, décor à pommes de pin et feuillages.

62 — Suite de neuf belles plaques de revêtement en ancienne faïence de Syrie, décor en bleu turquoise, vert et violet.

63 — Beau panneau composé de neuf plaques de revêtement en ancienne faïence de Syrie, décor représentant un portail avec inscriptions arabes.

64 — Aiguière en vieux Chine, décor en rouge et or.

65 — Deux torchères en cuivre gravé et repoussé d'Orient.

66-67 — Deux fusils arabes anciens,

68-69 — Deux sabres à lames de Damas et courbes, poignées en corne de rhinocéros, montures argent.

70 — Sabre à large lame avec cachet au chiffre de Mohamed Ilia daté de 136 ère turque, poignée en corne.

71 — Ancien tromblon à canon gravé, bois incrusté.

72 — Deux lampadaires italiens en bois sculpté et doré représentant des personnages.

73 — Deux cariatides d'hommes en bois sculpté avec trophées et ornements. xvie siècle.

74 — Hanap en étain à personnages et ornements.

75 — Boîte ronde en fer ornée d'incrustations d'argent et d'or. xviie siècle.

76 — Plaque en bronze, sujet religieux. xviie siècle.

77 — Trousse contenant deux couteaux en fer ciselé et doré, lames gravées et dorées. xvie siècle.

78 — Épée avec garde à branches, quillons courbés en sens inverse, lame à gouttière. xvie siècle.

79 — Etui d'orfèvrerie recouvert de cuir doré au petit fer et daté 1586.

80 — Bouteille en ancienne porcelaine de Chine, décor dans le goût persan en bleu sur blanc.

81 — Hanap en porcelaine de Chine, décor en bleu à paysages.

82 — Deux petits cache-pots en ancienne porcelaine de Chine, décors à entrelacs fleuris en bleu sur blanc.

83 — Cache-pot en ancienne porcelaine de Chine, décor polychrome de bouquets de fleurs.

84 — Légumier couvert en ancienne porcelaine de Chine, décor de branches fleuries à rehauts d'or.

85 — Bol en ancienne porcelaine de Chine de la famille verte.

86 — Feuille et un plateau en ancienne porcelaine de Chine, décor de fleurs et oiseaux.

87 — Deux tasses et leurs soucoupes dont une en porcelaine de Mayence, l'autre de Berlin.

88 — Boîte à épices en faïence de Moustiers, décor polychrome de médaillons à personnages séparés par des guirlandes de fleurs.

89 — Paire de petites bouteilles en ancienne porcelaine de Chine bleu sur blanc.

90 — Deux petits groupes de personnages en biscuit.

91 — Schibouck en ambre avec ornements en or enrichis de rubis et d'émeraudes cabochons.

92 — Médaillon-pendentif en or émaillé avec tête d'ange ailée et enrichi de perles fines.

93 — Bonbonnière en écaille piquée d'or, le couvercle est orné d'un émail finement peint qui représente deux jeunes femmes faisant une offrande de fleurs. Époque Louis XVI.

94 — Miniature ronde sur ivoire : Portrait du roi Louis XVIII. Cercle en or.

95 — Médaillon en argent orné d'un émail représentant un amour perçant de sa flèche deux cœurs entrelacés, cercle en or entouré de perles fines.

96 — Petit émail oval représentant un sujet champêtre.

97 — Dague en fer damasquiné d'argent. XVIIe siècle.

98-104 — Quatorze miniatures sur velin des XVe, XVIe et XVIIe siècles, provenant de missel (seront divisées).

105 — Joli petit encrier forme corbeille en bronze ciselé et doré. Époque du Ier Empire.

106 — Ecuelle Louis XV en étain ciselé et gravé.

107 — Deux pichets en étain ciselé et gravé.

108 — Petit vase en faïence de Marseille, bordure ajourée, décor à médaillons représentant des marines avec personnages.

109 — Petite chope en faïence anglaise, bordure cerclée d'argent.

110 — Deux théières et une chocolatière en porcelaine du Japon, décor à branchages fleuris.

111 — Petit baril en verre de Venise.

112 — Petit vide-poche formé par un amour supportant une coquille, socle en marbre jaune de Sienne. Époque Ier Empire.

113 — Petite cage de pendule Louis XV avec marqueterie de cuivre.

114 — Poudrière en corne, monture en cuivre gravé.

115 — Crosse d'évêque en bronze ciselé.

116 — Poudrière en os gravé.

117 — Ravier en porcelaine de Vienne, décor à fleurs.

118 — Crachoir en faïence de Delft, décor bleu.

119 — Trousse en laque noir du Japon rehaussé d'or.

120 — Petite bouteille en porcelaine du Japon, fond blanc, décor à médaillon en manganèse.

121 — Petit socle en porcelaine d'Allemagne, décor à trophées en relief.

122 — Théière, pot à crème et tasse avec soucoupe en porcelaine de Saxe, décor à la boule de neige.

123 — Divinité en ancien blanc de Chine.

124 — Beurrier en porcelaine de Saxe, décor à fleurs.

125 — Deux cassolettes en porcelaine de Chine, fond capucin avec réserves à médaillons de fleurs.

126 — Quatre petits godets en cuivre. Époque Louis XIV.

127 — Paire de petits candélabres à deux lumières formés par des potiches en émail cloisonné.

128 — Petit cachepot en bronze japonais.

129 — Jardinière forme chimère en bronze du Japon.

130 — Petite figurine en ancien blanc de Chine.

131 — Potiche forme gourde en porcelaine de Chine rouge flambé.

132 — Théière en grès de Chine.

133 — Porte-bouquet formé par trois cornets en porcelaine blanche, décor à fleurs.

134 — Coffret rectangulaire incrusté de nacre et d'ivoire.

135 — Miniature ronde: femme tenant un écureuil.

136 — Miniature ronde : portrait de femme tenant un petit chien, cadre en bronze ciselé et doré.

137 — Miniature ronde : portrait de femme en Diane.

138 — Miniature ronde : portrait de femme Louis XVI tenant un écusson formé par des cœurs.

139 — Miniature ronde, portrait de femme Louis XVI tenant une corbeille de fleurs.

140 — Deux petites gouaches encadrées représentant : l'une un paysage, l'autre, le sacre d'un roi à Notre-Dame.

141 — Miniature rectangulaire : sujet galant.

142 — Miniature ronde : portrait de femme Louis XVI, coiffure ornée de roses.

143 — Lot de cinq miniatures, portraits d'homme et de femmes (sera divisé).

144 — Broche forme fleur et feuillage en brillants et roses.

145 — Epingle montée d'une perle.

TABLEAUX, GRAVURES

146-147 — BAUDOIN. *Les Plaisirs champêtres.* Deux pièces se faisant pendants, encadrées. Gravées par Choffard. Belle marge.

148 — BAUDOIN. *Les Grâces au bain.* Gravure en noir.

149 — BAUDOIN. *L'épouse indiscrète.* Pièce avec les armes. Gravée par de Launay.

150 — BOILLY. *Le prélude de Nina.* Gravure en couleur, belle marge.

151 — CARESME. *Le Philosophe charitable.* Très belle épreuve, marge vierge. Gravée par Voyez.

152 — MALLET. *Scène d'intérieur.* Gouache. Cadre ancien.

153-154 — DUTHÉ. *Le Galant jardinier.* Deux gravures en couleur se faisant pendants.

155 — DROLING. *Le cheval fendu.* Gravure en couleur.

156 — DIETRICH (attribué à). *Tête de berger.*

157 — DECAMPS (attribué à). *Pêcheurs poussant une barque.*

158-159 — DESCORMIERS. *Effets d'hiver.* Deux aquarelles.

160-161 — GÉRARD (Mlle). *L'accord de la musique.* Belle gravure en couleur.

C'est pour lui que je les rassemble. Deux gravures en couleur par VIDAL.

162-163 — GÉRARD DOW. *Enfants à la cage et enfant faisant des bulles de savons.* Deux petits tableaux se faisant pendants.

164-165 — HUET. *La bergère récompensée et le Départ de campagne.* Deux pièces se faisant pendants en couleurs fraîches.

166-167 — LAWREINCE. *La balançoire mystérieuse* gravée par VIDAL. Belle marge.

Le Mercure de France. Gravure en noir, remargée.

168 — LAWREINCE. *Le lever des ouvrières en modes*. Gravure en couleur, remargée. Très belle épreuve. Cadre à nœud de ruban.

169 — LEBRUN. *Portrait du duc de Belièvre Pompadour*. Cadre bois sculpté ancien.

170 — MALFROY. *Place St.-Gilles à Chamas.*

171 — MALFROY. *Village de Chatellux.*

172 — MALFROY. *Le Grand Rhône à son embouchure.*

173 — MALFROY. *Pointe de Carougues à Martigues.*

174 — MALFROY. *St-Louis du Rhône.*

175 — MALFROY. *Bassin national à Marseille.*

176 — MALFROY. *Quai de la Poterne à Berre* (Provence).

177 — MALFROY. *Vieille Carcasse à Martigues.*

178 — MALFROY. *Cabanon à Carro.*

179 — MORLAND. *Louisa.* Deux gravures ovales en couleur, avant la lettre.

180 — MALLET. *Intérieur de cuisine.* Gouache.

181 — MESPLÈS. *Une danseuse.* Pastel.

182 — NETSCHER (école de). *Portrait d'homme.*

183 — PILLEMENS (JEAN). Deux aquarelles signées et datées. Encadrées.

184 — ROBERT (d'après LÉOPOLD). *Le Retour de la Moisson en Hongrie.* Deux tableaux se faisant pendants.

185 — SAINT-AUBIN (GABRIEL DE). *Courses de chevaux aux Champs-Élysées.* Dessin ayant servi pour la gravure.

186 — VERNET (attribué à JOSEPH). *Quatre paysages animés de figures.*

187 — VALLIN (attribué à). *Tête de Bacchant.*

188-189 — WESTALLE. Suite de six gravures en couleur par BARTOLOZZI.

190 — WOUWERMANS (d'après). *Scène de bataille.* Dessin.

191 — ÉCOLE FRANÇAISE XVIIIe SIÈCLE.

Scène Champêtre. Cadre en bois sculpté et doré ancien.

192 — ÉCOLE FRANÇAISE. *Portrait d'un Magistrat.*

193 — ÉCOLE FRANÇAISE. *La Jeune Fille à la Colombe.* Pastel.

194 — ÉCOLE FLAMANDE. *Fruits et Légumes.*

195 — ÉCOLE ITALIENNE. *Paysage animé de figures, avec pont, colombier, etc.*

196 — ÉCOLE ITALIENNE. *Paysage avec figures.*

197 — ÉCOLE ITALIENNE. *Melons, Figues, Raisins, etc.*

198 — ÉCOLE ITALIENNE. *Tête de Pape.*

199 — ÉCOLE ITALIENNE. *Paysage, bords d'un lac animé de personnages et d'animaux.*

200 — ÉCOLE ITALIENNE. *Marines et Paysages.* Suite de quatre peintures sur cuivre.

201 — Deux gravures anciennes : *Les Éléments.*

202 — Objets omis.

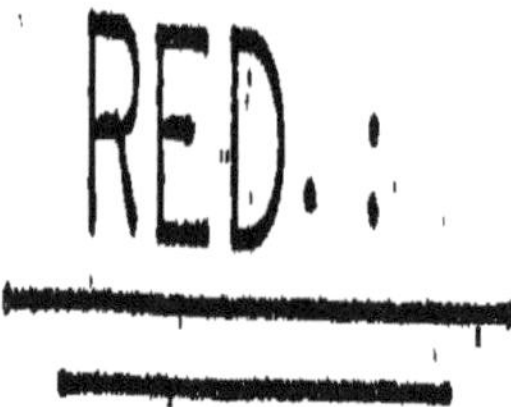
RED. :

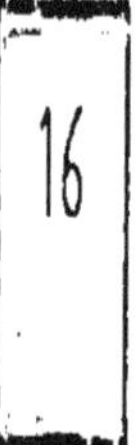
16

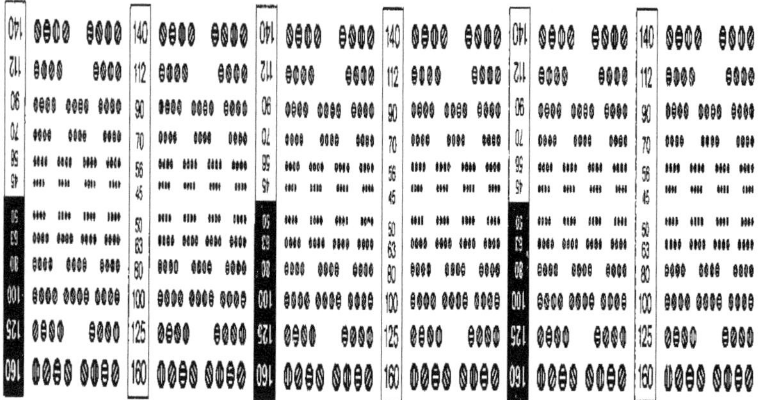

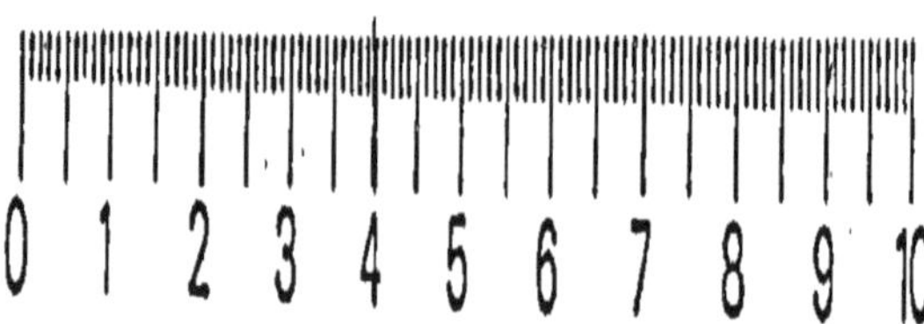
0 1 2 3 4 5 6 7 8 9 10

www.ingramcontent.com/pod-product-compliance
Ingram Content Group UK Ltd.
Pitfield, Milton Keynes, MK11 3LW, UK
UKHW020535180726
13839UKWH00006B/2524